Nous conjuguons!

Le verbe ÊTRE au présent de l'indicatif

T0204839

Catalogage avant publication de Bibliothèque et Archives Canada

Pelletier Dominique, 1975-, auteur, illustrateur
Le verbe être au présent de l'indicatif / Dominique Pelletier, auteur et illustrateur.

(Nous conjuguons! Le verbe être au présent de l'indicatif)
ISBN 978-1-4431-3826-0 (couverture souple)

1. Être (Le mot français)--Ouvrages pour la jeunesse.
2. Français (Langue)--Conjugaison--Ouvrages pour la jeunesse. I. Titre.

PC2317.E87P45 2014   j448.2   C2014-902163-1

Édition publiée par les Éditions Scholastic, 604, rue King Ouest, Toronto (Ontario) M5V 1E1.

5 4 3 2 1   Imprimé au Canada 119   14 15 16 17 18

Nous conjuguons!

Le verbe **ÊTRE** au présent de l'indicatif

Dominique Pelletier

Éditions SCHOLASTIC

Je suis à l'école.

Tu es à l'école.

Il est à l'école.

Elle est à l'école.

Nous sommes à l'école.

Vous êtes à l'école.

Ils sont à l'école.

Elles sont à l'école.

Je suis sur la glissoire.

Tu es sur la glissoire.

Il est sur la glissoire.

Elle est sur la glissoire.

Nous sommes sur la glissoire.

Vous êtes sur la glissoire.

Ils sont sur la glissoire.

Elles sont sur la glissoire.

Je suis dans la maison.

Tu es dans la maison.

Il est dans la maison.

Elle est dans la maison.

Nous sommes dans la maison.

Vous êtes dans la maison.

Ils sont dans la maison.

Elles sont dans la maison.

Je suis à bicyclette.

Tu es à bicyclette.

Il est à bicyclette.

Elle est à bicyclette.

Nous sommes à bicyclette.

Vous êtes à bicyclette.

Ils sont à bicyclette.

Elles sont à bicyclette.

Je suis au cinéma.

Tu es au cinéma.

Il est au cinéma.

Elle est au cinéma.

Nous sommes au cinéma.

Vous êtes au cinéma.

Ils sont au cinéma.

Elles sont au cinéma.

Je suis sur le sentier.

Tu es sur le sentier.

Il est sur le sentier.

Elle est sur le sentier.

Nous sommes sur le sentier.

Vous êtes sur le sentier.

Ils sont sur le sentier.

Elles sont sur le sentier.

Je suis dans l'avion.

Tu es dans l'avion.

Il est dans l'avion.

Elle est dans l'avion.

Nous sommes dans l'avion.

Vous êtes dans l'avion.

Ils sont dans l'avion.

Elles sont dans l'avion.

Ils sont
dans l'avion.

Je suis sur la plage.

Tu es sur la plage.

Il est sur la plage.

Elle est sur la plage.

Nous sommes sur la plage.

Vous êtes sur la plage.

Ils sont sur la plage.

Elles sont sur la plage.

Je suis à l'école.

Tu es sur la glissoire.

Il est dans la maison.

Elle est à bicyclette.

Nous sommes au cinéma.

Vous êtes sur le sentier.

Ils sont dans l'avion.

Elles sont sur la plage.

Instructions
Cartes éclair

Exerce-toi à conjuguer
le verbe être à l'aide des
cartes éclair qui suivent.
Le verbe conjugué figure
au dos de chaque carte.

Je	Tu
Il	Elle
Nous	Vous
Ils	Elles

Tu es
sur la glissoire.

Je suis
à l'école.

Elle est
à bicyclette.

Il est
dans la maison

Vous êtes
sur le sentier.

Nous sommes
au cinéma.

Elles sont
sur la plage.

Ils sont
dans l'avion.